レジェンド創業者から経営の秘訣を学ぶ創業者倫理塾

創業55年の社長が一度も赤字を出さずに
5回の経営危機を乗り越えた！

乱世の経営

ハブル崩壊、リーマンショックを乗り越えた秘訣とは？
コロナショックを乗り越える鍵がここにある！

鈴木 静雄 著
坂本 憲彦 著
万代宝書房 編

創業55年の社長が一度も赤字を出さずに
5回の経営危機を乗り越えた!

乱世の経営

バブル崩壊、リーマンショックを乗り越えた秘訣とは?
コロナショックを乗り越える鍵がここにある!

もくじ

まえがき
第一話　企業は社会のためにある！
　　～ 感性を取り戻し、天職を悟るまでの道 ～
1、家を買うよりも独立が先でしょ　9
2、住宅産業、これは天職だ　19
3、会社には来るな、地域に出勤しなさい！　23
第二話　5回の経営危機をどう乗り越えた？
　　～逃げずに正面切って本質と向き合う ～
1、ショックが来る度に、深い経営理念になっていく！　31
2、人間は土に生かされている、リブ×ランド=リブラン　36
3、経営理念リブランから思想企業リブランへ　40
第三話　縮小マーケットでもこれからがチャンス！
　　～倫理経営にシフトした先に見えるマーケット～
1、奥様が反対した事業はことごとく失敗！　49
2、父・母の生き様が、今の自分をつくっている　55
3、倫理経営に目覚めた企業にだけ大きなマーケットがある　58

まえがき

本書のメインゲストは、株式会社リブラン創業者、現相談役 鈴木靜雄氏です。鈴木氏は、22歳で不動産業を板橋区にて創業、25歳で「千葉建設」として法人化、その後、社名を「リブラン」と改め52年を迎えました。一貫して、「企業は企業に非ず、社会運動体、社員は会社に来るな、地域に出勤せよ」と住まいと人間、家族、子供たち、地域の本質を掘り下げ、地域の様々な社会問題について住環境を通して解決に向けて活動してきています。また、様々な社会問題をプロジェクト化し、国や行政に提言を含め、大手ディベロッパーなども指導啓蒙しています。

もう一人のメインゲストで登場する坂本憲彦氏は、一般社団法人 立志財団の理事長で、起業家教育、つまりは、これから起業したい方向けのセミナーや研修などをしています。

私たちは、自然会話形式の鼎談《ていだん》をし、ベテラン経営者の想い、ノウハウをお聞きしました。(収録：二〇二〇年三月八日)。

その後、視聴者の方から、「是非、この内容を書籍にしてくれないだろうか？」

との要望を受け、この度、Youtube「万代宝書房 万人の知恵チャンネル 創業者倫理塾」にアップしたお二人のライブトークの内容を加筆修正し、出版しました。

本書のタイトルは「創業55年、幾多の苦境を乗り越えて～コロナショック克服の経営決断～」としました。収録は2020年3月8日、コロナショック前夜でしたが、サブタイトルで「コロナショック」としましたのは、鈴木静雄氏が乗り越えてきたいくつかの苦境は、現在のコロナショックにも値する内容であるため、今回の危機に陥った人のお役に立てる可能性があると考え、このタイトルにしました。

本書が、苦境に当たったとき、経営者としての考え方のお役に立ち、苦境を乗り切ることの一助になれば幸いです。

二〇二〇年六月吉日

万代宝書房　釣部　人裕

第一話　企業は社会のためにある！

～感性を取り戻し、天職を悟るまでの道～

企業は社会のためにある

18歳で不動産業アルバイトからのスタート、トップセールス、弱冠22歳で独立、社員20名くらいを養うまでになった鈴木氏。25歳で法人化、自社ビルを作り、意気揚々と売上を上げていた反面、強迫観念にも襲われだします。彼が好成績に呑まれ自己を見失いかけた時、行徳哲男氏を通して表層的な「売上向上」「良い製品の提供」という一般概念を乗り越え、不動産業の本質を見つけます。

それは何か?

自分の今の仕事が天職なのか悩める人は、あれこれ職や新事業、新天地を試す前に鈴木氏の地域に築いていった信頼構築法を知って頂きたい。時代は違っても、トップセールスになって会社を作ればゴールではありません。そこから、どう考えて進めていくかを老練な鈴木氏が語ります。

1、家を買うよりも独立が先でしょ

釣部：みなさん、こんばんは。万代宝書房 創業者倫理塾の時間になりました。今日はゲストに、株式会社リブランを創業した鈴木靜雄さん、そして立志財団理事長 坂本憲彦さんに来ていただいております。どうぞよろしくお願い致します。
　鈴木さん、自己紹介お願いいいたします。

鈴木：今、紹介がありました鈴木です。（東京都）板橋に会社があります株式会社リブランの創業者、創業55年になりますが法人化して52年です。リブランは不動産、住宅産業集合住宅とか戸建て住宅をつくっている会社です。よろしくお願いします。

釣部：ありがとうございます。坂本さん、お願いします。

坂本：立志財団の坂本と申します。起業支援をさせていただいております。これからの起業家支援をしており、今日はリブラン創業者の鈴木さんのお話を聞けるということで私もすごく楽しみしております。よろしくお願いいたします。

収録の様子

釣部：早速お伺いします。18歳のときからこの業界に入ったとお聞きしたんですけれども、その経緯を話しください。

鈴木：はい。板橋に姉が嫁いでいまして、私は大学浪人していて、その時に喫茶店でアルバイト、その時に知り合った家内と一緒に、不動産会社にアルバイトで入りました。もうすでに一緒に住んでいました。勉強するといっても、もともとあまり勉強できませんから、ギブアップして、その不動産会社でアルバイトし、その後、社長からだいぶ褒められまして、営業に回って、そこでトップセールスになりました。

それから22歳で独立しています。社員が20～30名おりまして、26歳の時に千葉建設として法人化しました。現在52年

奥様と江ノ島で初デート

になります。

釣部：18歳からこの業界に入られて、狙ったわけじゃなく、たまたまの関係で不動産業界に入られた？

鈴木：そうですね。そこに張り紙がしてあったので、ふらっとアルバイトで入った。しばらくして、家内も一緒にアルバイトしました。すでに、一緒に住んでいたと思います。

釣部：あの時代で一緒に住むというのはチャレンジャーの時代ですよね。

鈴木：まあ、同棲ですね。

釣部：社長様に褒められたというのは、

どのようなことで褒められたのですか？

鈴木：「トイレを掃除しなさい」と言われて、トイレを掃除したんですね。5つぐらいのお店がありまして、従業員が20人ほどいまして…。社長さんが社員全員を、そのトイレの前で並ばせまして、一人ずつ私の掃除したトイレに入って、鈴木の掃除したトイレをみろと言うようなことがありました。今思うと、ここまで来たのは「トイレの神様」、トイレに神様がいたのかなというふうに思っております。そんなことで営業をするようになって、そこでトップセールスになって、19歳のときですかね。

釣部：不動産もいろいろ分野があると思うんですけど、鈴木さんの最初の営業はどういう内容だったんですか？

鈴木：まず当時は、仲介ですね。戸建て住宅、主に埼玉県の方の仲介でした。

釣部：当時、戸建て住宅の営業は、どういう風にするんですか？

鈴木：お客様が宣伝でお見えになって、現地をご案内して、そしてその後、会社に戻ってきた時にクロージングしていました。私が案内をすると、もう大体決まりだと言われ、おだてられまして…。ほとんど僕が案内をした時には、もうお客さんには買っていただけるという感じでトップセールスに…。

釣部：何か、その時すごく気をつけていたこととか、もしかしたら他の営業とは違うなと思ったことはありますか？

鈴木：そうですね、その当時、60年ぐらい前ですから、大体不動産業っていうのはブローカーとか言われた時代ですから、そんなような状況の中ですね。ただ、働いている方は皆さん結構年配の方で会社を潰しちゃったとか、多少危ない世界の方もいた、そんな時代でしたから、そこに私は19歳で入りましたので、あまり上手な話もできないんですけど、それがかえって受けたんじゃないかと思います。

釣部：買う方から見ると19歳だと若いですよね。その方のアドバイスを聞いて購入に至ると…、何かこういう方針があったとかあったんですか？

鈴木：上手にしゃべるとか、そういうことはできなかったんですけど、周りが悪い人ばっかり（笑）だったので、お客さんからすると新鮮に映ったんじゃないかと思いますけどね。そんな何か特別なことをしなくても、ついついと契約がきまってしまったんですね。

坂本：そうなんですね。

鈴木：同級生は給料が当時８０００円ぐらいでしたね、私は10万ぐらい…。

坂本：えええええっ！そんなに！

鈴木：月報制ですよね、歩合制の…。

釣部：その時、周りは自分が儲けようとか売りたいという想いだけど、鈴木さんだけはお客様にとって良い物件を紹介していたんですか？

鈴木：ですね。もうあんまり記憶ないですけど、**誠実に対応していたというだけのこと**で、特に何かの営業のテクニックとか、教育も受けていませんしね。でも、すごい成績をあげてしまったんですね。

釣部：そこで独立しようと思ったのは、理由というか、何かきっかけはあるのですか？

鈴木：そうですね。18歳から3年ほどそこで修行してですね、そして、その頃もう一緒に家内といいました。あの結婚しまして…。３００万円ぐらいで一戸建てが買えた時代なんですね。それで３００万ぐらい貯まったので家を買おうかなと思って「家を練馬に買おうかな？」と家内に話したら、**「家を買うよりも独立が先でしょ」と奥さんから言われましてね。**そして独立をしました。それは、個人ですね。

共同経営のような感じでしたが3年間、上板橋というところでやりました。その頃22歳、社員20名ちょっとおりました。その頃、お金がないのでその共同経営の方に、その方が持ってらっしゃった事務所とか免許とかを借りて共同経営をしました。もう最初のスタートの時から、「3年後に私は独立します」からということを伝えていました。

そういうスタートを切りまして25歳の時に今の「リブラン」、当初は「千葉建設」、出身が千葉県なものですから…。その後、リブランという名前に変えましたが、法人化して52年になります。

三年そこで、個人で共同経営をやりまして、様々その業界の現状を、かなり勉強しました。その頃はまだ住宅産業とは言わなかったんですけども…。素晴らしい仕事にも関わらず、非常に業界のレベル、例えば宣伝にしても、取引にしても遅れていまして、これではお客さんのためにならない。そこで、会社を法人化して、そういう業界の問題点をクリアしていこうということにすごく燃えてきて、ときわ台というところに、当時1000万円貯めまして、銀行から1000万円借りて2000万で4階建てのビルをつくって、そして今の会社ですね。そこで様々な改革をしてきました。

坂本：その当時の住宅業界の問題は、どういう問題があったんですか？

鈴木：例えば、広告も**「おとり広告」**といいまして、実際には300万円の住宅を100万円ぐらいで出しているんですね。そしてお客さんが見えたら、その家は売れちゃったとか言うんですね。あるいは、取引も買った物で利益を出すのはいいんですけど、買わないで仲介のような形で利益を

「おとり広告」とは、客寄せのための架空広告のこと。最も悪質な不当表示として、広告規約で禁止されている。

具体的には次のものが該当する。

●実際には存在しない架空物件の広告または存在しても広告内容と実物が異なるもの
●広告掲載の数ヶ月前に売却済みの物件や、オーナーから売却依頼のない物件の広告
●物件はあっても、広告主が売却意思のない物件の広告

出したりする感じだったんで、それは少し経ってから規制されてきたんですけど、非常に遅れた業界でした。

それも金融も証券でも同じですね。株屋さん、無尽とかですね。そう言われた時代ですから不動産だけではないです。そういうところを近代化していこうということでかなりそういう思いが強くなって、法人化しました。

釣部：先ほどですね。共同経営をされて3年で辞めると最初から決めていたということでしたが、その理由は何かあるんでしょうか？

鈴木：やはりこう自分で経営をしたいっていう欲が最初からありましたよね。

共同といっても、その方は建築屋さんですから、作って建てる住宅があんまり売れなくて、それを私は全部一人で売っていたんで、そういう恩義で「鈴木さん若いんだし、自分が持っている建物を使ってください。免許も貸してあげるから…」ということでスタートしたものですから、共同というか、実際は、自分がほとんどやっていたわけです。

いずれにしてもすっきりした形で自分自身がトップになってやりたいという欲は最初からありましたね。

奥様とハワイ旅行

坂本：奥様が最初から、家を買うより先に独立を応援されておりますが、すごいですよね。

鈴木：そうですね。もう、家も見て、買う寸前までいっていたんですが…。当時、一戸建てが300万ぐらいでした。そうしたら、「お父さん、家を買うよりも独立が先でしょ」と言われましたね。それがなかったら今はないと思います。

坂本：最初の時から奥さまの力が…。

鈴木：そうですね。

釣部：その時は揉めるわけじゃなく奥さんが言うなら、そうですかと…。

鈴木：いやぁ、奥さん怖いですからね（笑）

釣部：25歳で、もう自社ビルをお持ちになったんですか？

鈴木：25歳でときわ台というところなんですけど、環状七号線に面したところに4階建てのビルをつくりまして、最上階を住まいにして本社をつくりました。

釣部：板橋とか、こっちの場所を選んだのは、最初の地元がここだったからとか、地元の情報をたくさん持っていて他社より強いというのもあったんですか？

鈴木：いや、どこで独立するかというのもあると思いますけど、たまたま最初アルバイトをしたのも板橋でしたし、それから独立した共同経営も板橋でしたし、そんな縁があって板橋でという感じです。姉も近くにお嫁に来ていましたからね。

2、住宅産業、これは天職だ

釣部：あと、行徳哲男先生との出会いというお話も聞いたんですけど、どういう時にどういう出会いがあって、それがどういう形で、その後の人生に影響を及ぼしたのかというのをお聞かせください。

鈴木：はい。25歳で独立をして、もう30歳の時にはすでに社員も１００名ぐらいいまして、売上も１００億近くなっていました。
その当時の１００億ですから…。

釣部：すごいですよね。

鈴木：ただ、会社はどんどん大きくなるんですけれども、なんかすごく不安な気持ちといいますか、大きくなっていくんだけれども、いずれ会社も破綻というか、自分の家も家庭も破綻するのではないかと、すごい強迫観念に駆られて…。
すごい成績もどんどん上がっていく中で、何かすごい強迫観念といいますか、自分が見えなくなってきていた時期なのか、ちょっと3日ぐらい会社に出る気が

「行徳哲男」昭和８年福岡県生まれ。昭和44年渡米し、Ｔグループの世界を知り、BE訓練プログラムを開発する。昭和46年、日本ＢＥ研究所を設立。アメリカの行動科学、感受性訓練と日本の禅及び経営哲学を融合させたBasic Encounter Training,「人間開発、感性のダイナズム」訓練を完成させ、感性を取り戻す研修を行う。財政界を始め、スポーツ界、芸能界、中小企業のオーナー等に多大な影響を与えている。

なくて…。

たまたまそこで青年会議所、30歳でＪＣに入り、その時、行徳先生との出会いがあって、それから半年後に行徳先生の主催する一週間の修行に行きました。だから、今私がここにあるのはやっぱり行徳先生のトレーニングと、それからＪＣの綱領とか、あと柳平さんのＬＩＡかな。「夢を目標に展開すれば必ず実現する」と。彼と一緒に行動したりしてましたんで、それから倫理法人会ですね。それが今の自分をつくっていると言っても過言ではないと思います。

釣部：その行徳先生のセミナー、中身は言えないとして、行って何が変わられたんですか？

鈴木：結局さっき申し上げたように、売上が上がってきますよね。そうすると大体調子に乗ってしまう…。

坂本：そうですね。はい。

「日本青年会議所（通称JC）」
20歳から40歳までの青年（事業者が多い）が、各地域にて「修練」「奉仕」「友情」の三つの信条のもと、より良い社会づくりをめざし、ボランティアや行政改革等の社会的課題に取り組み活動する団体。わんぱく相撲、選挙時の公開討論会などを地域で主催している。

鈴木：その辺りで大体潰れちゃうんですよね。銀座に行き始めたり、様々なやらなくてもいいようなことをやったりして自分が見えなくなっちゃって、それで潰れてっちゃうというのがほとんどですよね。

7～8年で倒産してっちゃう。そんな時期だったのかもしれません。ですから行徳先生に出会ったことによって、一週間の訓練を受けて、そして見えなくなった自分、いわゆるスポーツでいえばスランプだね。自分が見えなくなった。それが一週間で自分が見えてきた。**いわゆる感性も微弱になっていたものを、感性を呼び戻すというような、そういうトレーニングですから、**松岡修造さんも青木功さんも、さまざまな方が行徳先生の訓練を受けて蘇っています。

釣部：坂本さんも行徳先生のセミナー受けられているんですよね。

坂本：そうですね。私はもう数回…。だいぶ経って、先生が高齢になられて80歳超えてから受けているんで…。

鈴木：軽いやつです（笑）。私らの時は一週間、今は3日。軽いから、効き目が薄い（笑）

坂本：そうですね。でもその中で、何か天命とか使命みたいなのを悟るっていうのをお聞きしたんですけど、どういったことを気づかれたんですか？

鈴木：やっぱり行徳先生の研修で見えなくなった自分が見えてきた。「**自分が生きている**」ということですね。そして、自分が何のために生きているのかとか、そういうものがカーッと捉まえられたと。そして、自分のこういう住宅産業、これは天職だと、そういう志とか使命感といいますか、そういうものが明確かつ自分の中に落ちてきたといいますかね。

坂本：それまでは、そういうところに迷いというか？

鈴木：そうですね。最初は、ただ売上を上げていくというだけでした。その地域の先輩の建築屋さんよりももっと良い物をつくるっていう表層的にやってきて、１００億近い売上になって、**城北一体**ではもうトップになっていましたけど、非常に表面的であったということだと思います。

城北とは、東京都２３区内の中心に位置する皇居、旧江戸城から北側へ扇状に広がった地域のこと。【北区】【板橋区】【豊島区】【足立区】【荒川区】

3、会社には来るな、地域に出勤しなさい！

坂本：仕事としては、変わっていったのでしょうか？

鈴木：それは不動産とか住宅産業の本質は何か？　表面的にただ物をつくって販売してというのではなくて、**不動産とか住宅産業というのは、地域、あるいは子どもたちや家族と、体と心とどういう繋がりがあるのかという、非常に深いところまで、捉まえることができた**ということです。そしてまた新たな経営理念を確立してきたということです。

釣部：「企業は企業のためにあるんじゃない。地域のためにあるんだ」というのもその頃に出てきた？

鈴木：そうですね。共同でやっている時じゃなくて、25歳で法人化した時ですね。それから5～6年売上がずっと上がって、30歳の行徳先生の出会いとか、ＪＣとか倫理法人会だとか、そんなような出会いがあったりして、その頃から**企業は企業に非ず、社会運動体だと…**。

社員には、**「お前たちは会社には来るな！」「会社には何もないよ！」「地域に出**

勤しなさい！」と言いました。そこで地域のいろんな社会問題にぶつかって、当時でいえば、子どもが生まれたら出ていきなさというのが…、一人目はいいけど、２人目になったら出ていってくださいっていう、そういう感じの時代でしたから…。

坂本：そういう地域に出ていくって、なかなか普通の会社だったら会社に出勤させてみたいなのが、普通の経営者さんだと…。

鈴木：そうですね。たまたま独立したのが、板橋。その頃、「どぶ板橋」といわれたんですね。それから、「だ埼玉」。それから痴漢が一番多い東部東上線。折があればこの沿線、この地域から出たいと。「世田谷に住みたい」とか、「杉並に住みたい」っていうのがね。

リブラン創業時メンバー

リブランOB会朝霞台「たから亭」　2017年11月22日

そういうところで独立をしたもんですから、ここで商売したってダメだと思って…。みんなが居たくない。地域の方々が、ここには居たくないというところでいくら商売したってダメだというようなこともあって、そして全社員と私も含めて地域に出て、さまざまなボランティアをやってきました。ですから一人の社員が３つとか４つとかボランティアを持っていました。

会社に入る情報は情報じゃないよ、地域でぶつかったいろんな問題、頭にくるような問題が、なんでこんなことなんだというような、そういうことに怒り、悲しみ、恐怖心を覚えた時に、その社会問題をクローズアップして、そして会社のヒト・モノ・カネを使ってそれを解決しようと思いました。そういう方向にバーっといきました。

坂本：それはもう単純に家を建てるだけじゃなくて、それ以外の活動もどんどんするようになったっていうことですね。

鈴木：会社もやりましたよ。会社も様々な、例えば沿線のイメージアップということで、沿線に桜を植えたりとか…。

それから沿線の終点まで、地域のコミュニティーではなくて、沿線のコミュニティーということで、東武東上線のママさんバレーボール、池袋までの終点までのママさんに出てもらって、2日か3日大会を30年間やりました。「グリーンカップ」といって、文部大臣カップももらっていました。

坂本：それはリブランさんの主催で？

鈴木：そう。あとは、沿線の子どもたちに童話を書いてもらったりして、童話を有名な先生方に審査してもらったりもしました。

釣部：それは社員さんとの軋轢みたいなのはなかったんですか？　「なんでこんなことするんだ？」とか…。

鈴木：それはないですね。その頃は結構ワンマンでしたから、はい（笑）

社会貢献手当もつけていました。
釣部：あとは社員さんが地域の物件を買って住むとかっていうこともあったりしたんですか？
鈴木：そうですね。会社でつくったもの。新しいものは買えませんけどね。古いものを買ったりとか、それはありましたね。

第二話　５回の経営危機をどう乗り越えた？

～逃げずに正面切って本質と向き合う～

不動産業を50年以上続けた鈴木氏の経験。バブルの後は、物件が売れず融資も受けられず、人員整理をするしかない危機を味わう。同じような危機を5回も乗り越えた。

実際に一時隆盛を極めた会社も潰れていった中、リブランはなぜピンチでも社員が雲散霧消せず一枚岩で立ち向かえたのか？

7年ごとに何を作り変えているのか？ 彼らは何を解決しようとしたのか？ トレンドにのり、転がすだけの経営感覚では危機は乗り越えられません。

早い決断や日々の社会貢献だけでなく、鈴木氏が現実的な危機に対しての心がけを説いています。後継者の問題も含めて社外の体裁を気にする若手への経営指南です。

1、ショックが来る度に、深い経営理念になっていく！

釣部：不動産を52年もやっていると、我々も知っているいろんな波があって、大変だったこともあったと思います。結構潰れる会社もある中、生き残ったし、多額の借金があったと聞きました。どう乗り越えてきたのかというお話をお願いします。

鈴木：はい。やっぱり大変だったのは、まずは創業ですよね。ただ創業の時は燃えていますからね。その後7年おきぐらいにオイルショックとか、ドルショックとか、平成バブルとか、リーマンショックとか、もう一回何かありましたね。創業を除いても5回ぐらいアップダウンがありました。

それも並のアップダウンじゃなくて、こうバブってきますよね。そうすると国が総量規制とかさまざまな規制をかけてきますから、一挙にしぼんでしまう。

そうすると、金融もつかないし、前にも後ろにも行けない。そういう時が52年間に5回ぐらいありました。

釣部：要は物件が売れないっていうのと銀行から融資を受けられないというのが、ダブルで来るっていうことですか？

鈴木：もう、土地や建物は高騰して、バブって高くなって売れない。それから金融が動かない。そういう状態でにっちもさっちもいかない。倒産の噂が出るというような…。あるいは社員にも何人か辞めてもらうような状態になったり、大変なことがありましたね。

坂本：そういう時は、どういうふうに鈴木相談役は乗り越えていらっしゃったのですか？

鈴木：**大体、皆さんは逃げるんですよね。**例えば、板橋がダメだったらば、どっか地方に行くだとかですね。また、隙間産業といいますか、逃げてしまう。

私はそういう、**どん底になったときに逃げないで、自分の不動産とか住宅産業が地域と、そして子どもたちや家族の体や心とどう関係しているのかというような、自分の業をより深く掘り下げていくということを、5回ショックの都度、掘り下げていった。**

その度に、**ショックがきた度に自分の業がより深い経営理念になっていく。**ほとんどの方がみんな逃げてしまうという感じでしたけど、そこを開き直って、そこを捉まえた時にバーっと見えなかった道が開けてくるといいますかね。そんな感じを何度も経験しましたね。

今思うと、その苦しかったときが生きている実感がありました。

ですから、姑息なことやったり、考えて悩んだりじゃなくて、もう裸になって開き直っていくと。そして自分のやっている仕事の一体本質は何なのかと。そこを捉まえた時に、自然に道がパーッと開けてきた。これは何回もそういう経験をしていますね。

釣部：若い経営者にお伝えいただきたいんですけど、「開き直る」っていうのは、どういうことなんですか？

鈴木：開き直るっていうのは裸になるというか、やっぱりそういう時になると、いろいろ考えたり、ちょっと小手先のことをやったり、そうではなくてもうすべてを捨ててしまうぐらいの、すべてを捨ててゼロからスタートするというような…。

釣部：もう破産するなら破産する覚悟だよと…。

鈴木：まあ破産するというか裸になってね。うちの奥さんがこういうふうに言ったんですよ。「お父さん。倒産したら一緒になった頃のように四畳半からスタートすればいいんですから…」そういうことをよく言ってましたね。

収録の様子

釣部：すごいですね、その言葉も…。
坂本：一番大変だったのがバブルの時って聞いたんですけど…。
鈴木：そうですね。今申し上げた5回ぐらいのバブル崩壊はどれも結構大きな…。
リブランは、そんな大きな会社じゃなくて、売上も50億だったり、１００億だったり、１５０億だったり行ったり来たりの中で、バブルが崩壊する度に50億ぐらいの損失が出ました。平成バブルの時もリーマンショックの時もです。それはわりと上手にクリアをしてきまして、52年間赤字は一度も出すことなく、どなたからの支援も受けることなく…。
ディベロッパーというのは、非常にリスクのある仕事で、財閥系の会社は別ですけど、中小・中堅のディベロッパーで赤字を出さないで来られたことは、取材がよく来ていましたけど、日本で10社もないといわれました。

釣部：そういう時に、社員さんってやっぱりブレますよね？

鈴木：そうですね。**社長の腹の決め方じゃないですかね。社長が揺らいでいたら社員も揺れていきます**しね。みんな社長のためならっていうことで、社長のためだったら死んでもいいってそのくらいの感じですよね。

例えば、社員旅行なんかで鬼怒川の鮎のなんかあるじゃないですか。鮎がサーっと入ってくる。**簗**（やな）か。社員がね、そこでみんな飛び込むわけですよ。まず部長が飛び込んで、「俺に続けー！」って。簗を仕切っている人がそこ飛び込んだら死んじゃうよって…。そんな感じでしたね。社長のためなら命も投げ出す。「自分の家も担保に入れてください」っていうようなそんな感じ。だから社長の腹構えじゃないですかね。

釣部：それは日々の仕事の様子もあるんでしょうけども、いざ景気がそうなった時に俺はこうするよっていうのを社員の前で話をし

簗
魚をとる仕掛け。川の瀬などで、木・竹などをうち並べ、その一部分だけ開けて、流れてくる魚をとる。

たりしていたんですか？

鈴木：社長が裸になって率先垂範していけば、やっぱりみんなついてくるんじゃないですかね。社長がビビったりしていたら、社員はついてきませんけどね。ですから、どの時も社員は、どん底の時は事務所に10日ぐらい、社員と一緒に合宿して、うちの奥さんが朝ごはん作ったりとか…。社長のリーダーシップだね。

釣部：それはどの時代でも同じ？

鈴木：そうですね。5回あったバブル崩壊した時の対応はいつでも同じでした。

2、人間は土に生かされている、リブ×ランド＝リブラン

釣部：これからも我々生きていると、社会的経営危機があると思いますが、その時もやっぱり経営者の腹が決まっているかどうかで乗り切れるかどうかも違う？

鈴木：そうですね。**経営者の腹と、それからやっぱりより深い経営理念ですかね。それを社員と一緒に持つということですかね。**最初のころは経営理念っていうのは私がつくったんですけども、大体7年おきにいっぺん会社をご破算にして、**CI（コーポレート・アイデンティティ）**をやってきまして、それが1年ぐらい社員でもって、経営理念の構築をやってきましたね。

最初の時は私の独断でやりましたけど。あとは1年ぐらいかけて次の会社をどうするかっていうビジョンづくりは、全社員でいろんな委員会をつくって、どの時もやってきましたね。最初は千葉建設、生まれが千葉県だったので千葉建設。

そして、7年後に千葉建設を捨てて、暮らしの市民館という展開にしました。板橋と志木というところと川越ですね。ですから会社を捨てて、会社を地域に投げ出してくという感じでしたね。そして全社員が社会貢献をやると。

その次の7年経った時に今のリブラン。社会貢献をたくさんやってきたんですけど、**本当の社会貢献っていうのは、自分が携わっている不動産・住宅産業、それがどう人と関わっているかって掘り下げていく。あるいは本業の周りのある社会課題を解決していくっていうようなことです。**

CI は、企業のあるべき姿を体系的に整理し、それに基づいて自社の文化や特性・独自性などをイメージ、デザイン、メッセージとして発信することで会社の存在価値を高めようとするビジネス手法ですから、暮らしの市民館でさまざまなそういう展開をしました。それから8年ぐらいしてリブランですね。ですから、暮らしの市民館の時代はたくさんのボランティアをやって、東京商工会議所のCSRの最優秀賞をもらいました。

鹿島建設の社長から賞もらったんですね。「よくちっぽけな会社がこれだけのボランティアをやっているね」と褒められました。

いわゆる社会貢献はやらないよりやった方がいいけど、私がやらなくちゃいけないのは、自分の本業を深く掘り下げてくと。不動産・住宅産業の本質は何かって…。それから7〜8年経って、それに気が付いたのでていう社名を「リブラン」に変えたんですね。

坂本：よろしかったらリブランの社名の由来も教えていただけると…。

鈴木：1年ぐらいかけて全社員でCIをやって、**人間は土に生かされているという「リブ」と「ラ**

CSR（Corporate Social Responsibility）の略）。企業が自社の利益のみを追求するだけではなく、すべてのステークホルダー（消費者や投資家に加え社会全体などの利害関係者）を視野に経済・環境・社会など幅広い分野での社会全体のニーズの変化をとらえ、それらをいち早く価値創造や市場創造に結び付けることによって、企業の競争力強化や持続的発展とともに経済全体の活性化やより良い社会づくりを目指す自発的な取り組み。

ンド」を掛け合わせた「リブラン」と。社員からの提案でした。

坂本：そういうとこから、「自然と共生するマンション」みたいな発想が出てきた感じなんですか？

鈴木：そうですね。創業して7年後の千葉建設から暮らしの市民館に移る時というよりは、その後のリブラン、創業してから17～18年経ってからです。リブランになった時に、本業の本質を極めてくということに力を入れたのはその頃ですかね。

千葉建設

暮らしの市民館

リブラン

3、経営理念リブランから思想企業リブランへ

釣部：事業継承はどのようにされたんですか？

鈴木：私は60歳、今から17年前にもう社長を辞めました。60歳で2代目、次男ですけど。次男に会社を譲りました。彼が35歳ぐらいだったと思うんですけど…。

非常にうちの会社は小さいんですけど評価が高くて、当時、日本中から視察が毎日のようにありました。マスコミもＮＨＫもしょっちゅう来て、テレビに出ていました。

ただ、その2代目が**「外の評価はすごいけど、中はそれほどでもない！」**と言い出して、だから外と中が違うというような…。「じゃあ、お前、やってみたらどうだ！」と言って、2代目が若手の社員を集めて、全社員を巻き込んで1年間ＣＩをやりました。それについて、我々古手の役員はちょっと傍観しているような感じで、若い連中が1年間やっていましたね。

ある日、熱海にある会社の別荘に、私と古い役員が呼ばれまして、「私たちがつくった次のリブランのビジョン、経営理念はこれです！」といって、合宿で説明を受けました。

私の時は「経営理念」と言っていたんですけど、彼は「思想企業リブラン」と言

い出したんですね。これはもう引いた方がいいなと、その時に思ってそれから2年ぐらいして私は引きました。

立派な経営理念が出来たので、あとはそれを実行できるかどうかですから、これはもう引いた方がいいなということで私は60歳、17年前に引いて…。

私が辞めたものですから、私についてきた副社長とか専務だとか、上を見たらボスがいなくなったんで、副社長が辞めて、専務が辞めて、ということで私が採用した役員は全部退職をしました。

で、今の若い連中の時代になったという感じですね。

坂本：引き継ぐ時っていうのは、そこに未練みたいなものはなかったんですか？

鈴木：ないですね。やっぱり彼が35歳でしたから、私の経験でも、やっぱり30代とか40代が結構チャレンジできるし、もう50歳過ぎちゃうとなかなか大きなチャレンジできないですから、今が引き時だなと思って引きました。

普通社長が会長になっても残って、ただ名前だけ会長になって、実際は社長と同じ仕事をしている。会社の入口のところで、朝社員の見張りをみたいな会長がいるような話も聞きましたけど、私は引き継いで半年間は役員会に出ましたけど、それ以降は役員会も会社の行事も一切出ませんでした。

新年4日、神社での行事は出ましたけど、それ以外は一切出ませんでした。人事も関知しない。会社の資産とか株の移動とか、そういうのは私のとこへきましたけど、あとは、新体制で全部やっていました。
リーマンショックの時、1年間役員会には出ました。

坂本：それは会社がまたそういう大変になった？

鈴木：彼ら経験がないので…。私らは平成バブル乗り越えてきているので、これはヤバいなということで、リーマンショックは1年間役員会へ出ました。

釣部：多くの企業で後継者問題を悩んでいますけど、そういったところでは順調にお子さんが入社された？　友達なんかも「うちの息子はどうしようもない」とか、「まだまだ」とか言っているんですけど…。

鈴木：**結構、やらせればやるんですよね**。「うちのせがればどうしようもない、どうしようもないって」言って、みんな苦労してらっしゃるんですけど、私はスパッとやって良かったなと思っているんですね。
そうしたら、私が引いて彼が社長になって、何か月かして役員会で啖呵《たんか》切った

った。私らぐらい小さな会社でも借入が50億とか70億とかありまして、何かあった時、私がダメになって、せがれがダメになると、会社がおかしくなりますから、私の「個人保証は外してこい！」と言ったんですね。

そうしたら、半年後ぐらいに「親父、全部外したよ」と…。よく外れたなと思いました。今はあんまり個人保証を取らないって聞いていますけど、その頃はまだ個人保証は絶対的なものでしたから、そのことを役員会で息子さんが啖呵切りましたよと聞きました。

「なに？」って訊いたら、**「俺はまだ力ないし経験もないし、ただ、俺が個人保証して、この会社に何かあれば死なば諸ともだ」と役員会で啖呵切った**というんですよね。これは面白い…。「これはいけるな！」っていうような感じがして。それからもうずっと全くノータッチです。

リーマンショックはちょっときついなと思ったんで1年間出て、リーマンショックになる寸前の秋ですよね。

大手のディベロッパーがひばりが丘（西東京市）の方のプロジェクトを値引きしたんですね。私は「これは早いな？」と思ったんですけど、その方は業界から袋叩きにあって…。

私は「もう年が明けたら、全部値引きをして処分しなさい！」と言いました。ですから、**「10億で買った土地は、もう7億でもいいから売れ！」**と言って、そんなことしたら倒産の噂が出るんでって、役員が心配するんですよ。

「年が明けたら、ディベロッパーみんな倒産組だから心配すんな！」と言いました。私が陣頭指揮でやらないとできないので、年が明けて全部在庫一掃しました。

あと、建築中のマンションの10階まで上がったものは全部そのまま凍結して工事を止めて、続行していると資金繰りが合わなくなってきますので、そういう決断はなかなか若手じゃ無理なので、１年間、私がやりました。

ですから、**早く対応したんで損が少なかった。みんなカッコつけてなかなかやらないんですよね、恥ずかしがってやらない。**これやると噂になっちゃうんじゃないかとか、そういうことで決断しない。

早く逃げた方がいいですね。平成バブルの時もそうでしたけども、これ以上仕事しないと決める。周りが燃えているわけです。周りが燃えて仕事しないということになると、「うちの社長、経営能力ないんじゃないか？」となる。でも、必ず破綻するからって、**バッとブレーキ踏んで、だから早く決断すると、金融もついて、だからうちなんか一番早く金融がついてきた**っていう感じですよね。

だから、**グズグズしていた会社は殆ど倒産しました。**平成バブルの後、１００社ぐらい上場しましたけど、90パーセント以上は倒産するか、資本が変わるかです。そんな感じでした。ですから、グズグズしていたところはみんな潰れた。だから逃げる時はパッと逃げる。

坂本：鈴木会長の時代を読むポイントとには、何か意識してるところはあるんですか？

鈴木：**ひとつは臆病ですね。**だから、経営者、「俺、経営能力がある？」、実は経営能力なくて、風に乗って上昇気流で伸びていただけで、それを勘違いして「俺は経営能力がある」と勘違いしたりしている会社はみんな潰れましたね。

私は、わりと臆病で気が弱いもんですから…。**経営は臆病さと大胆さと両方持ってないと…。**

それと、今、社会貢献だけ、社会貢献すれば必ず返ってくると、そういうことを洗脳している団体もあります。それは事実なんですけど、その間に潰れちゃうんですよ。ですから、**社会貢献と同時にしたたかさも持っていないといけないと**いう感じですね。

ですから、**繊細さと大胆さ。社会貢献もしたたかさとか…。二重人格じゃないと経営者は務まんないな。**

坂本：そのバランスというかそこを両方というか、その両方を…。

鈴木：そう、論語と算盤。

坂本：そうですね。もうまさにそこが…。

リブラン50周年感謝の集いを椿山荘で開催。1000人のお客様を見送る鈴木夫妻

鈴木：そういうコンサルタントの先生にいわれて、一生懸命社会貢献やって潰れちゃったとかね。

第三話　縮小マーケットでもこれからがチャンス！

～倫理経営にシフトした先に見えるマーケット～

中小企業は夫婦の協力が大事ということを具体例を持って鈴木氏は語ります。また、自分の原動力は両親、その精神がリブランの理念にも受け継がれています。

リブランがおこなってきた社会問題、地域問題の解決は、純粋倫理の学びに沿っていました。

物が足りていなかった時代の経営戦略は、物があふれた現代では通用しなくなりました。

鈴木氏は物に価値を見出すのではないと説きます。一見終わってしまったような産業ですら、捉え方を変え、新たに再生することは可能。

物が売れなくなった時代、何を大切に事業経営していくべきか？　本質を語ります。

1、奥様が反対した事業はことごとく失敗！

釣部：鈴木さんが数年前に大病したとお聞きしたんですけど、その病気になった時の精神状態とか、いろんなことをお聞きかせください。

鈴木：病気は22歳の時に腸チフスが流行って、コレラみたいなもんですね。スーパーから出て70～80人。今のコロナウイルスじゃないけど隔離されましたね。その時も3～4ヶ月、鉄格子の中で過ごしました。

それから5年前に血液の癌で半年かかりましたけど、やっぱり病気をするっていうのは、本当はしない方がいいんですけど、病気をした時っていうのは、30歳で行った行徳先生のトレーニング（1週間）じゃないですけども、それと似たような精神状態がありますよね。

特に癌のときは、ちょっとヤバいなっていうような感じもありました。やっぱり家族、特に息子なんてどうしようもない息子だなと思ったら病院に来て、「親父、肩でも揉もうか？」と。こいつ本当は優しいんだって、そういう家族の絆、なんかあった時はギュッとなるっていうか…。特に、やっぱり奥さんですよね。

癌の時見舞いに来て、3月に倒れたもんですから、まだちょっと寒い頃。ちょっとお客さんが見えるのが遅くなったので、家内の帰りが7時ぐらいにな

奥様との2ショット

ったのかな？　ちょうど雨も降っててね。渋谷までバスで行くような病院だったので、「タクシーで帰った方がいいよ」って言ったんですけど、「いや、バスで帰ります」と言うんです。

私、病室からうちの奥さんが出てく時の後ろ姿見たら、もう涙が出てきちゃって止まらない。そういう感謝する気持ち、それはやっぱり病気したときじゃないとって感じですね。

坂本：奥さまとは一緒にお仕事もされてきて、夫婦関係で何か気をつけていたり、意識していたことってあるんでしょうか？

鈴木：創業からうちの奥さんが財務やっていました。女性はすごい直観力があったね。社員も役員も一生懸命なんですけど、ただの役員と身内っていうのは、真剣さが違う、何かあった時は食らいついてくるっていうかね。

「お父さんやめて！」って。そういうことを専務は言いませんからね。「お父さん、そっち行っちゃだめ！」って言う。大体「ふざけんな！」ってやったのは全部失敗しましたからね。**うちの奥さんが「やめてください」って言った事業をやったのはみんな失敗しました。**

坂本：うちも奥さんの言うことは、すごく大事にしております。でも、すごい絆というか…。

鈴木：それとやっぱり身内ですから会議とか出さなかったですね。公のところには出さないで、会社へ来て財務をやって帰る。２つ、３つ支店があったので支店から財務の方に電話がかかってくるんですね。

そうすると、うちの奥さんはかかってきた社員の名前も分かんないんですけど、「お父さん、この子、問題起きるよ」って言うと、半年ぐらいで使い込みだとか、そういう問題が起きたり、そういうのが何回かありましたね。

坂本：奥さんそれは直感力でやっぱり…。

鈴木：そうですね。直感力と真剣さというか、また、財務能力っていいますか、そういうのもありましたから…。
　1000億円ぐらいの負債があったんです。私の負債じゃなくてバブルが崩壊した時、組合が2つ倒産して、私は理事長じゃなかったんですけど、みんなで保証していたものですから、みんな倒産したんで、私のところに1000億の請求がきて、それを3年がかりで解決しました。
　それはいつも家内と一緒に銀行を回ってですね。やっぱり隣にうちの奥さんがいるだけで、支店長とか常務クラスは女性には言えないんだよね。だから、彼女がいないで私だけだとやられちゃうんだけど、うちの奥さんいつも隣にいたからわりと軟らかく。最後に1億8千万円払って全部きれいに、銀行の方も「もう、鈴木さん、無理しなくていいですよ」と言って銀行の方から全部なしにしてもらいました。

坂本：それも奥さんあっての…。

鈴木：うん。3年かかりましたね。

釣部：言える範囲でいいんですけど、離婚話とか喧嘩とかもあったのですか？

奥様の一周忌（恩師行徳哲男氏と二人の息子さん）

鈴木：喧嘩とか結構しょっちゅう。仕事上のこともあるし、私は大体どこの家庭でも一緒ですけど、旦那は仕事優先っていいながら遊んだりして…。

坂本：いやいや、そんなことないんですけど、はい（笑）

鈴木：お仕置きを何回かされました。始末書を書いたのは2回ですけど（笑）

釣部：職場と家庭が一緒になるっていうのは、別に不都合はなかったですか？

鈴木：こういうことありましたよね。うちの奥さんも取締役でしたから、役員会でちょっといい争いになったら、専務から「あのー、夫婦喧嘩は家でやってくれませんか?」って言われたことがあります。だから、身内はちょっと難しいところもありますね。

釣部：奥さまってどういう存在だったんですか?

鈴木：鹿児島の出身で2つ年上ですからなかなか。「鈴木さん、いい奥さんもらったね!」ってよく言われますけど、そのとおりで…。

釣部：18歳の時にどういうご縁で、一緒になったんですか?

鈴木：私は、浪人していてアルバイトで池袋にあった、そのころロシア民謡を歌う歌声喫茶があって、山小屋とか、ともしびとかって新宿にあったんですけど、そこでうちの奥さんが鹿児島から出てきて、商業高校を出ていたんでレジをやっていたんですね。私は皿洗いをやっていて…。かなり大きな喫茶店でした。

夜中、うちの奥さんが売上を、社長さんの自宅へ新宿まで持っていく。それタクシー代が出るのを浮かせたいもんですから、私をガードマン代わりにタクシー代浮かせるために、タクシーじゃなくて山手線で新宿まで行っていたりして…。

そんなことでナンパされて…、はい(笑)

2、父・母の生き様が、今の自分をつくっている

坂本：もうひとつ聞きたいんですけど、鈴木さんのご両親との関係とかについてもお話をお願いします。

鈴木：今、自分がこういう生きる力というか、使命感というか、社会性とか、こういうのは何が原動力かっていうと両親の影響だと思います。

実は、親父が小学校3年の時に死んで、親父のことはよく分かんないんですよね。あんまり思い出がそんなにたくさんなくて…。病院やっていたんですけど。

東京に出てきて仕事始めてから、田舎帰る度に、ずっと近所を回ったり、結構遠くまで回って、その都度「うちの親父知っていますか?」と聞いていたんです。例えば館山なんですけど、千倉とかその辺のところでちょっとご飯食べた時に、「鈴木さんのお父さん、よく知ってますよ」と言われて…。

お宅のお父さんは、白浜の沖で船が難破した時にそれを助けたりね、それから、治療に行くと治療代を払わないのにお米くれたり、大根もらったりとかね。

どんな親父だったかなっていうのは、すごい親父だったんだなっていうのは、そういう倫理でいえば、先祖とかっていいますけど、先祖までいかない**親父・お袋の生き様ですよね。そういうのが今の自分をつくっているっていう気がしていま**

すよね。

坂本：お父さまもそういう周りの人に施しというか貢献する人？

鈴木：そうですね。よく利他の精神と言いますよね。もう典型的なそういう人でしたね。ですから、治療代はもらわないのに帰る時に、大根持ってこいとか、米持ってこいとか…。そして「はい、持ってきなさい、持ってきなさい」とかなりそんな感じでした。

亡奥様がデザインしてつくられた墓

坂本：そういうのを受け継がれているから、会社でも地域に貢献みたいな。

鈴木：そうですね。

そういう個性（タチ）があるんじゃないでしょうかね。

坂本：お母さまはどういう方だったんですか？

鈴木：お袋は83歳で平成元年に亡くなりましたけど、お袋も結構厳しい。うちのすぐ上の兄貴が銀行の支店長やっていて、私が26歳の時に家をつくったんですね。板橋に自宅をつくって、そのときに新築祝いにお袋が来て、その時に兄貴も来たんですね。兄貴は支店長ですから、次長とか課長とか3人ぐらい連れてきて、飲んで酔っ払って、そうしたら、「義明！」って言うんですよね。お袋が「義明！ここへ座れ！」って。「そんなことで人様の道が通るか！」ってバチっと言って、そうしたら次長や課長も一緒になってハハーって（笑）

とにかく兄弟が多いですから、あんまりお袋…。でも、田舎へ帰った時に寝てると押し入れから布団出してきちゃ2枚も3枚も重ねてくれる。重いなと思いながら…。

そうそう、人のお通夜の晩なんか、よく揉めるじゃないですか。それの仲裁を買って出たりとかね、そういう人でしたね。

坂本：やっぱり人をまとめたりとかっていうのは、お母さまから受け継がれているみたいな…。

釣部：お名前の由来とかあるんですか？　靜雄というのは？

鈴木：上の兄貴がちょっときかんぼうだったんで、私は少し静かにさせようっていうんで靜雄っていうふうにしたんで、おかげさまですごく静かに（笑）。

3、倫理経営に目覚めた企業にだけ大きなマーケットがある

釣部：鈴木さんと我々の共通点は、倫理法人会の会員ということなんですが、倫理法人会の出会いとか、入ってからどういうふうに変わったかとか、お聞きしたいんですけれども…。

鈴木：板橋に倫理法人会をつくったのが35年前か40年ぐらい前だと思うんですけど、その時の設立に関与しましたが、ずっとＪＣ（青年会議所）とかいろんなことやってましたので、倫理の会長は申し訳ないけどできないということで、一応相談役ということで、ずっと長くスリーピング会員でした。モーニングに出始

めたのは7年ぐらい前に合併する時ですね、板橋に2つありましたので…。

合併する時に会長やってほしいというので、少しゆとりも出てきたので、それで引き受けました。受けた時が83社で、今おかげさまで約340社、練馬と板橋と浦安が日本で一番大きな単会になっていると思います。

倫理で結構会長職とか、普及とかやっていましたから、あんまり「栞」の勉強はしてないというか、工藤さん（現豊島区倫理法人会の相談役、法人スーパーバイザー）みたいに勉強してないんで、朝「栞」を読んでいる時も私はどの人を入会させようかなっていうことばっかり考えていたものですから…。

でも、そういう環境の中にずっといましたから、それなりに自分のものになっていたんだと思うんですけどね。倫理に入って良かったなと。今、顧問やっている女性の方から強引に勧められて会長を引き受けされられましたけど、本当に感謝していますね。

ですから、今次々入会されますけど、そういう方にも無理やり入会してもらっていますけど、誘っていただいて良かったなというふうに思っています。

※「万人幸福の栞」とは、倫理運動の創始者・丸山敏雄が、長年の研究と数多の実践・体験を通して抽出した17カ条の読本。時代や国やところの差を問わず、宗教の如何を問わず、職業に拘らず、何時、どこでも、誰でも生活上の根本法則として行えて、道徳の実行と幸福の生活がピタリと一致する法則が抽出掲載されています。

うちの家内の方が私より倫理的でしたね。奥さんが亡くなりましたんで…。うちの奥さんが言ったことを思い出しながら、今メモしているんですけど、「お父さん、家の門のところに散らかしといたら、必ず火を点けられたり、泥棒にこの家はだらしがない家なんだなと思われるから、そこをきちんとしといてくれませんかね」って言われていました。

それから何日かして研究所の先生がモーニングに来て、同じことを言っているんですよね。うちの奥さんを倫理に、私は「一回とにかく来てよ」と言っても、「栞、読んだって、やる気のない人たちのところに私は行きません」、「ちょっとお前、だいぶ倫理的だから朝、講話してくれよ」と言ったら、「そんなやる気のない人たちの前でいくら話したって無駄です」。

「倫理指導」はうちの家内から受けていたような感じがしますが、でも倫理に入って良かったなと思っております。

倫理法人会に来られた時の奥様

釣部：最後、ご質問したいんですが、若い経

営者に向けて、ぜひ伝えたいことをお願いします。

鈴木：そうですね。**私はこれからチャンスだと思うんですよね。**私らの時代はやっぱり戦後ですから、とにかく物のない時代で一生懸命物を、あるいは、それをより良い物をとか、安くとか、どっちかというと**物をつくるということで、その物から何が生まれてくるかというところまで、目に見えないものに価値があるということにちょっと気が付いてなかったんじゃないかと思う**んですよね。

例えば住宅ですと、**住宅に価値があるのではなくて、**その住宅から家族や子どもたち、体、心、あるいはライフスタイルとか、人それぞれの、そういう目に見えないもの、それをつかみ出すにはどういう設計をしたらいいのかっていう、**目に見えないものに価値があるんで、目に見える住宅そのものには価値がない。**それはあくまでも手段にしかすぎない。

それは住宅に限らずあらゆる物がそうだと思います。どうしても物の方に目がいってきたということで、では、目に見えないものをどうやって見るんだと…。**目に見えないものは見えませんから、感じる、感性。**そうすると、やっぱり若い人たちとか女性とか、私らの時代は一生懸命ものづくりをしてきたんですけど、これからは女性とか、あるいは若い方々が次の日本です。今、どうしようもない。地域とか日本・アジア・世界、そうですけど、ひとつのちょっと急ぎ過ぎた日本列島ですね。さまざまな問題を抱えている。ですから、その問題を解決していくと。先へ進めば進むほどまたいろんな社会問題を引き起こしてきますから、ちょっと立ち止まって、もう終わったと思われる産業、そこに思想を吹き込んでいくと新たに蘇ってくるという感じがします。

これからは、我々が犯してきた犯罪ですよね。このどうしようもない日本列島とか社会。それをまたクリアにしていくというところにものすごいマーケットがあると思うんですよね。そして、より住み良いといいますか、良い日本列島をつくりあげていくと…。

人口も減りますし、マーケットは縮小気味だけど、我々経営者・企業が従来からの経営を、ちょっと小手先で直すというのではなく

【用語解説】
「倫理経営」とは【経】容易には変えない、動かないタテ軸を求め、それに根ざすこと。タテ軸とは「道」とか「理」、すなわち時代が変化しても変わらない原理・原則、あるいは経営の理念や基本方針を指す。迷って方向を失った時に戻るべき、経営の原点でもある
【営】現実の状況に対して、どのようにしたら事業や物事がうまくいくのかの方策を考え実行すること。つまり、テクニックとか技術・技法は「営」に属する。

て、従来型の経営をご破算にして、倫理経営に転換していく。全体的なマーケットは縮小気味ではありますけど、その一企業がご破算にして、倫理経営に転換して、そして倫理を基軸にした経営理念を再構築して、事業・商品・サービス、それを全部新しくつくり直していってほしい。

それに目覚めた企業にだけ、そういう決断をした、いっぺんご破算にする決断をした、その企業にはものすごいマーケットがあると思います。

うちの歴史を見ても、例えば今の音楽、防音賃貸マンション「ミュージション」とか、いろんな社会問題をテーマにした住宅をつくってきましたけど、それを後から、日本全国、みんな大手がマネしたりする。うちは、これで儲かるからシリーズでいくってあんまりやってないんです。社会問題をクリアしていくためにいろんなテーマでプロジェクトやってきた。

そういう企業はないものですから、みんなに良いものはみんなに良くないとダメです。ですから、この人たちにだけに良いもの、特に集合住宅が多いですから、自分で自由にならない。

一戸建てでしたら自由になるんですけど…。ですから、こういう暮らしをしている人たちにだけ、ハードとソフトで応援をする。そういう企業って全くないですからね。
ですから、うちが大した人数がいないにもかかわらず、今ここまで来た100億近い資本金になってきたっていうのは、そういう社会問題をテーマにして、それをプロジェクトにしてきたからです。そういうところに若い人たちが目を向けていけば、ものすごいマーケットがあると思いますよね。
ですから、これからは女性や若い人の時代だと思います。ですから、我々のマネをするんじゃなくて。面白い時代になってくると思いますよね。

釣部：坂本さん、どうですか？

坂本：はい。本当に今日すごく勉強になったと思いまして、52年の歴史というのがすごいところもあるんですけど、すごい困難とかも切り抜けられてきて、それが奥さまとの二人三脚で、ご両親のところからつながってくる鈴木さんの想いっていうのが、それが会社の理念になって、それがやっぱり7年毎に会社をゼロにして、つくり直し

24時間楽器演奏推奨賃貸マンション「MUSISION」は、一般的なマンションより厚い床、浮き壁工法で、防音・遮音効果を高める施工により、プロの楽器レッスンにも24時間対応できる高い防音・遮音性能を実現した、グランドピアノ可、楽器演奏可の防音・遮音構造賃貸マンション。全てのミュージションで楽器搬入に適した導線を確保しており、グランドピアノもエレベーターで搬入することができる。

ているっていうのが本当に学ぶべきところがあると思いました。

釣部：自らスクラップ・アンド・ビルドをしているってことですね。

坂本：それをずっと続けてやっているっていうのが、やっぱり人間一回うまくいくとそれが永遠に続くのかなって、私も一回錯覚したことがありました。でも、それが本当にこうやって生の声で聴けるっていうのって素晴らしいなと思いました。

鈴木：やっぱり中小企業って、奥さんだね。

坂本：そうですね。本当に奥さんを大事に…。立志財団もうちの奥さんがい

金婚式での鈴木夫妻

ないと、どうしようもない会でございますから、奥さん頼みでございます。
今日はそれを身に染みて教わったなと思います。

釣部：では、鈴木さん、坂本さんありがとうございました。

【鈴木靜雄プロフィール】

千葉県館山市出身、22 歳で不動産業を板橋区にて創業、25 歳「千葉建設」として法人化、その後社名を「リブラン」と改め 52 年を迎える。一貫して住まいと人間、家族、子供たち、地域の本質を掘り下げ、国や行政に提言。

「企業は企業に非ず、社会運動体、社員は会社に来るな地域に出勤せよ」と地域の様々な社会問題を住環境を通して解決する。環境問題は（エコミックスマンション・戸建て）、子育て問題は（キッズプレースマンション・戸建て）、ライフスタイルは（ミュージション・音楽）など、様々な社会問題をプロジェクト化し、大手ディベロッパーなども指導啓蒙する。

日本居住福祉学会理事、埼玉県住まい作り協議会副会長、東京都倫理法人会役員歴任。


【坂本憲彦プロフィール】

起業家教育の専門家。1975 年、和歌山県生まれ。一般財団法人 立志財団 理事長。銀行に入行。30 歳で独立し、ビジネススクール、速読講座、飲食店、貸会議室などを立ち上げ、10 年以上に渡り、1 万人以上の起業家の指導を続けている。現在は「起業家教育で人々を幸せに」を理念に立志財団の理事長として志ある起業家の育成に邁進している。著書『6 つの不安がなくなれば あなたの起業は絶対成功する』

レジェンド創業者から経営の秘訣を学ぶ創業者倫理塾
創業55年の社長が一度も赤字を出さずに
5回の経営危機を乗り越えた！
乱世の経営
バブル崩壊、リーマンショックを乗り越えた秘訣とは？
コロナショックを乗り越える鍵がここにある！

2020年6月3日　初版第1刷発行
2024年4月11日　初版第4刷発行
著　者　鈴木 靜雄
　　　　坂本 憲彦
編　集　万代宝書房合同会社
発行者　釣部 人裕
発行所　万代宝書房
〒176-0002 東京都練馬区桜台 1-6-9-102
電話 080-3916-9383　FAX 03-6883-0791
ホームページ：https://bandaihoshobo.com/
メール：info@bandaiho.com
印刷・製本　小野高速印刷株式会社

落丁本・乱丁本は小社でお取替え致します。

ISBN　978-4-910064-23-9　C0036

装丁・デザイン／伝堂 弓月

万代宝書房について

みなさんのお仕事・志など、未常識だけど世の中にとって良いもの（こと）、社会に広く知られるべきことはたくさんあります。社会に残さなくてはいけない思い・実績があります！　それら人を裕かにする知恵の数々を出版という形で国会図書館に残します！

「万代宝書房」は、「**『人生は宝』、その宝を『人類の宝』まで高め、歴史に残しませんか？**」をキャッチにジャーナリスト釣部人裕が二〇一九年七月に設立した出版社です。

「実語教」（平安時代末期から明治初期にかけて普及していた庶民のための教訓を中心とした初等教科書。江戸時代には寺子屋で使われていたそうです）という千年もの間、読み継がれた道徳の教科書に『富は一生の宝、知恵は万代の宝』という節があり、「お金はその人の一生を豊かにするだけだが、知恵は何世代にも引き継がれ多くの人の共通の宝となる」いう意味からいただきました。

誕生間がない若い出版社ですので、アマゾンと自社サイトでの販売を基本としています。多くの読者と著者の共感と支援を心よりお願いいたします。

万代宝書房

二〇一九年七月八日